Neues vom Sonntagskuchen
von NDR 1 Radio MV

Neues vom Sonntagskuchen
von NDR 1 Radio MV

vorgestellt von
Kerstin Hohendorf

und fotografiert
von Christine Becker

HINSTORFF

Die Deutsche Bibliothek – CIP-Einheitsaufnahme
Hohendorf, Kerstin:
Neues vom Sonntagskuchen von NDR 1 Radio MV / vorgestellt von Kerstin Hohendorf
und fotogr. von Christine Becker. [Hrsg.: Norddeutscher Rundfunk Landesfunkhaus MV]. –
1. Aufl. – Rostock : Hinstorff, 2002
ISBN 3-356-00972-9

Das Buch „Neues vom Sonntagskuchen von NDR 1 Radio MV" ist nach der Radioserie „Der
Sonntagskuchen von NDR 1 Radio MV" entstanden.

Herausgeber: Norddeutscher Rundfunk Landesfunkhaus MV
Idee und Konzeption: Kerstin Hohendorf
Fotos: Christine Becker
Beratung und Unterstützung:
Ekhard Ragotzki – NDR MEDIA GMBH, Monika Muth – NDR Landesfunkhaus Mecklen-
burg-Vorpommern, Bärbel Mundt – HINSTORFF Verlag

© Lizenziert durch NDR MEDIA GMBH

© Hinstorff Verlag GmbH, Rostock 2002
1. Auflage 2002
Druck und Bindung: Neumann & Nürnberger, Leipzig
© für Umrisskarte von MV Ulf Richter
Printed in Germany
ISBN 3-356-00972-9

VORWORT UND DANK

Mecklenburg-Vorpommern ist ein Land der Genießer – der Kuchenliebhaber. Der NDR 1 Radio MV Backofen „Bernd" rief auf … und wenig später flatterten hunderte Briefe mit den schönsten Backrezepten ins Haus. Das Ergebnis: nach dem grandiosen Erfolg des ersten Backbuches (entstanden aus der Hörfunkserie „Der Sonntagskuchen von NDR 1 Radio MV") hier nun „Neues vom Sonntagskuchen von NDR 1 Radio MV"! Wieder sind es die Lieblingsrezepte der NDR 1 Radio MV-Hörerinnen und Hörer, wieder hat sie unsere Reporterin Kerstin Hohendorf zusammengestellt.

Egal ob „Wolkenkuchen", „Tränende Quarktorte" oder „Spiegeleikuchen" – alle Rezepte sind im Nu fertig und kinderleicht nachzubacken.

Ein Backbuch, an dem Sie auch diesmal wieder Ihre Freude haben werden.

Viel Vergnügen beim Backen und Genießen!

Thorsten Nitz

Redaktion Magazine/Unterhaltung
NDR 1 Radio MV

Alle Sonntagskuchen, die wir in diesem Buch vorstellen, wurden wieder von den Mitarbeitern der „Classic Conditorei Röntgen" in Steffenshagen nach den Originalrezepten unserer NDR 1 Radio MV Hörer nachgebacken.

Unser Dank gilt wiederum der Konditoreimeisterin Kristin Möller, die uns, trotz Babypause, hilfreich zur Seite stand, und Christine Werner, Landessiegerin der Jungkonditoren 2000. Auch Frank Valentin von der „Classic Conditorei Röntgen" ließ sich von uns Radioleuten beim Foto-Termin in der Bäckerei nicht aus der Ruhe bringen. Mit dem Blick fürs Wesentliche setzte Christine Becker die leckeren Kreationen ins rechte Licht. Sie machte auch die Fotos für das erste Backbuch „Der Sonntagskuchen von NDR 1 Radio MV".

Die Firma Kiwitt „The house of Villeroy & Boch" aus Schwerin stellte uns für die Fotoaufnahmen kostenlos Tafelgeschirr, Tischwäsche und Dekor zur Verfügung. Unser Dank gilt natürlich besonders allen Hörerinnen und Hörern, die uns ihre Lieblingsrezepte zuschickten. Ohne sie würde es dieses Buch nicht geben.

Wir wünschen allen Lesern und Backliebhabern viel Spaß bei der Zubereitung der süßen Leckereien!

5

MANDARINENKUCHEN
(BLECHKUCHEN)

Einkaufsliste:

4 Eier, 2 x 250 g Zucker , 2 x 300 g Mehl, Backpulver, etwas Milch, 4 oder 5 kleine Dosen Mandarinen, 250 g Butter, 2 Becher Schlagsahne

Zutaten für den Boden:	Zubereitung:
4 ganze Eier	mit
250 g Zucker, 300 g Mehl,	
2 Tl Backpulver	und
1 bis 2 El Milch	verrühren.

Den Teig gleichmäßig auf ein Backblech verteilen. Dann die Mandarinen gut abtropfen lassen und die Früchte dicht an dicht auf den Teig legen.

Zutaten für die Streusel:	Zubereitung:
250 g Butter (flüssig)	mit
250 g Zucker	und
300 g Mehl	verkneten.

Die Streusel über die Mandarinen geben.
Den Kuchen bei 180 Grad ca. 30 bis 45 Minuten backen.
Anschließend auf den heißen Kuchen 2 Becher Schlagsahne gießen.

DER PROFI-BACKTIPP:

Der Kuchen schmeckt besonders gut, wenn er einen Tag durchziehen kann. Statt der Mandarinen können Sie auch Aprikosen nehmen.

❖ *Dieses Rezept schickte uns Monika Thomas aus 18334 Eixen.*

Guten Tag Frau Schmidt,

herzlichen Dank für Ihren Auftrag und Ihre Entscheidung für hochwertige Markenqualität von Peter Hahn.

Leider bekamen wir nun die Nachricht, dass sich die Auslieferung der Artikel verzögert (den genauen Liefertermin entnehmen Sie bitte der Kartenrückseite).

Bitte haben Sie Verständnis für unsere Situation. Bald schon wird die Freude an Ihrem Modell Sie sicher für die Wartezeit entschädigen.

Mit freundlichen Grüßen

Gabriele Bauer
Kundenservice

PeterHahn
Peter-Hahn-Platz 1 · 73649 Winterbach
Telefon 01805/708.111 (0,12 €/Minute)

Bestell-Nr.   Artikel
941.370 480 ROCK
Lieferung Ende September

DEPK_S1 48 / 1 / 0000223

684/00000223/07
Kunden-Nr.:   70609615

Frau
Hannelore Schmidt
Schlossstr. 25
23948 Kluetz

01930

73650 Winterbach
09.05 € 0,45
Deutsche Post

After-Eight-Torte

Einkaufsliste:

1 Packung After Eight (150 g), 3 Becher Schlagsahne (600 g),
2 Sahnesteif, 1 fertigen, dunklen Wienerboden (3 Böden)

Zutaten:	Zubereitung:
16 bis 18 Blättchen After Eight	mit
3 Bechern Schlagsahne	am Vortag aufkochen

und über Nacht in den Kühlschrank stellen.
Am nächsten Tag die Masse mit 2 Sahnesteif schön steif schlagen.

Die Böden mit der Masse bestreichen. Nicht den Rand vergessen!
Anschließend kann die Torte ausdekoriert werden, z. B. mit Sahne-Tuffs oder
mit den restlichen After-Eight-Blättchen (vierteln und auf Sahne-Tuffs setzen).

DER PROFI-BACKTIPP:

Die After-Eight-Torte eignet sich auch prima für die Ostertafel. Die Torte dann
einfach mit bunten Eier-Dragees ausdekorieren oder kleine Schoko-Osterhasen
nehmen.

❖ *Dieses Rezept schickten Ute Chciuk und Antje Lerche von der AWO in*
18182 Rövershagen.

APFELKUCHEN MIT PUDDING-DECKE

Einkaufsliste:

1 Vanillepudding, 250 g Mehl, Backpulver, 2 Eier, 100–125 g Zucker, 150 g Butter, etwas Milch, 5 bis 6 säuerliche Äpfel, Zimt

1 Vanillepuddig nach Anleitung kochen und lauwarm abkühlen lassen. Die Äpfel schälen und in Spalten schneiden.

Zutaten für den Mürbeteig:	Zubereitung:
2 Eier	werden mit
150 g Butter (flüssig),	
Zucker nach Geschmack (100–125g),	
250 g Mehl, ¹/₂ Backpulver	und
1 El Milch	zu einem glatten Teig verarbeitet.

Eine 28-er Springform einfetten und mit Mehl oder Paniermehl ausstäuben.
Teig in die Form geben, glattdrücken und etwas den Rand hochziehen. Mit einer Gabel den Teig etwas einstechen.
Anschließend Apfelspalten gleichmäßig auf dem Mürbeteig verteilen, dabei etwas in den Teig einstecken.
Den noch lauwarmen Pudding über die Äpfel verteilen und glattstreichen.
Mit einer Prise Zimt bestäuben.
Bei 180 Grad ca. 50 bis 60 Minuten backen.

DER PROFI-BACKTIPP:
Statt Äpfel können auch Sauerkirschen aus dem Glas genommen werden.

❖ *Dieses Rezept schickte Stephanie Janke aus 19069 Alt Meteln.*

SPIEGELEIKUCHEN (BLECHKUCHEN)

Einkaufsliste:

1 Vanillepudding, 3 Becher saure Sahne, 1 große Dose Aprikosen,
200 g Butter, 4 Eier, 200 g Zucker, 200 g Mehl, Backpulver, 2 Tortenguss (klar)

Vanillepudding nach Anleitung kochen und abkühlen lassen. In die abgekühlte
Masse 3 Becher saure Sahne rühren.
Aprikosen abgießen und den Saft auffangen.

Zutaten für den Teig:	Zubereitung:
4 Eier	werden mit
200 g Butter, 200 g Zucker,	
200 g Mehl	und
2 Tl Backpulver	zu einem glatten Teig verarbeitet.

Teig auf ein gut gefettetes Backblech geben.
Bei ca. 180 Grad 15 bis 20 Minuten goldgelb backen.

Auf den noch heißen Boden die Pudding-Sahne-Masse streichen.
Die abgetropften Aprikosen in Reih und Glied auf die Pudding-Masse legen
(Wölbung nach oben).
Noch einmal für 15 Minuten bei 180 Grad in den Backofen, bis sich auf den
Aprikosen eine dünne Haut gebildet hat.
Wenn der Kuchen abgekühlt ist, mit 2 Tütchen Tortenguss (Aprikosensaft dafür
verwenden) abglänzen.

DER PROFI-BACKTIPP:
Dieser Kuchen schmeckt besonders den ganzen Kleinen und eignet sich prima
für den Kindergeburtstag.

❖ *Dieses Rezept schickte Irene Vogt aus 23936 Grevesmühlen.*

MALCHOWER RHABARBERKUCHEN ANITA (BLECHKUCHEN)

250 g Mehl, 200 g gemahlene Mandeln, 200 g gehobelte Mandeln, 4 Eier, 1 Backpulver, 200 g + 100 g Zucker, 400 g Schlagsahne (2 Becher), 2 Vanillezucker, 100 g Butter, frischer Rhabarber

Den Rhabarber waschen und in Stücke schneiden (muss für ein Blech reichen).

Zutaten für Boden:	Zubereitung:
250 g Mehl	mit
200 g gemahlenen Mandeln,	
4 Eiern, 1 Backpulver,	
200 g Zucker	und
1 Prise Salz	zu einem Teig verarbeiten.

(1 Becher) Schlagsahne mit 2 Vanillezucker steif schlagen und unter die Teigmasse heben.

Den Teig auf ein gefettetes Backblech geben, glattstreichen.

Bei 175 ca. 10 Minuten backen.

Dann den Boden mit Rhabarber-Stückchen belegen.

Nochmals für 10 Minuten backen.

Zutaten für Guss:	Zubereitung:
100 g Butter	mit
100 g Zucker	und
200 g gehobelte Mandeln	erwärmen und etwas abkühlen lassen.

Dann 1 Becher Schlagsahne steif schlagen und unter die Mandelmasse heben. Diesen Guss auf dem Rhabarber verteilen und nochmals 15 bis 20 Minuten backen (Stäbchenprobe).

DER PROFI-BACKTIPP:

Nehmen Sie statt frischen Rhabarbers Tiefkühlware. Nehmen Sie ein hochgeschlossenes Backblech.

❖ *Dieses Rezept schickte uns Roswitha Haase aus 17213 Malchow.*

VANILLE-GULDEN

Einkaufsliste: _____
2 Eigelb, 250 g Butter, 340 g Mehl, 130 g Zucker, 130 g gemahlene Mandeln,
1 Fläschchen Vanille-Aroma

Zutaten:	Zubereitung:
2 Eigelb	in eine große Schüssel geben. Jetzt kommen
250 g Butter (sehr weich),	
340 g Mehl, 130 g Zucker,	
130 g gemahlene Mandeln, 1 Prise Salz	und
1 Fläschchen Vanille-Aroma	dazu.

Mit den Händen alles sorgsam verkneten, so lange, bis eine glatte Teigkugel ent-
steht. Den Teig in 4 bis 5 gleich große Stücke teilen.
Daraus Rollen formen und sie für gut $^1/_2$ Stunde in den Kühlschrank legen.
Dann mit einem scharfen Messer Scheiben abschneiden. Mit einer Gabel Muster
in die Scheiben drücken.
Bei 180 Grad ca. 10–15 Minuten goldgelb backen.
Gut auskühlen lassen und in einer Dose lagern.

DER PROFI-BACKTIPP:

Diese Plätzchen sind kinderleicht zu machen und können mit Hagelzucker,
Schokostreuseln oder bunten Streuseln verziert werden.

❖ *Dieses Rezept schickte uns Sylvia Rieche aus 17154 Neukalen.*

SELTERSKUCHEN MIT FRÜCHTEN
(BLECHKUCHEN)

Einkaufsliste: _____

5 Eier, 2 Tassen Zucker, 1 Tasse Öl, 1 Tasse Selters, 3 Tassen Mehl, 1 Backpulver, 2 Dosen Mandarinen, 2 Bananen, 2 Kiwis, etwas Zitronensaft, 3 Becher
Schlagsahne (600 g), 2 Sahnesteif

2 Dosen Mandarinen gut abtropfen lassen.
2 Bananen in Scheiben schneiden und mit Zitronensaft beträufeln.
2 Kiwis vierteln und in dünne Scheiben schneiden und ebenfalls mit Zitronensaft beträufeln.

Zutaten für Teig:	Zubereitung:
5 Eier	mit
2 Tassen Zucker, 1 Tasse Öl,	
1 Tasse Selters, 3 Tassen Mehl	und
1 Backpulver	zu einem glatten Teig verarbeiten.

Teig auf ein gefettetes Backblech geben.
Bei 180 Grad ca. 30 Minuten goldgelb backen.
Boden auskühlen lassen.

Den Boden mit den Früchten belegen.
3 Becher Schlagsahne mit 2 Sahnesteif steif schlagen und die Früchte damit bestreichen.

DER PROFI-BACKTIPP:

Je nachdem, wie dick der Teig werden soll, kleine oder große Tasse (Kaffeebe-
cher) nehmen. Bestäuben Sie die Schlagsahne mit Kakao oder bunten Streuseln.

❖ *Dieses Rezept schickte Bärbel Tiedtke aus 19089 Gädebehn/OT Kladow.*

MOHNTORTE

150 g + 250 g Butter, 3 oder 4 Eier (je nach Größe), 1 Tasse Zucker, 1 Vanille-zucker, 1 Tasse Mehl, Backpulver, 1 große Tasse Blaumohn (nicht gemahlen), 1 Vanille- oder Sahnepudding, 1 Glas Marmelade (Johannisbeergelee, Brom-beer-Kirsch-Marmelade), Mandelstifte oder -blättchen

Buttercrème:
Vanille- oder Sahnepudding nach Anleitung kochen und auskühlen lassen. 250 g sehr weiche Butter schaumig schlagen und löffelweise unter den Pudding rühren. 3 oder 4 Eier trennen und Eischnee schlagen.

Zutaten für den Boden:	Zubereitung:
150 g Butter	mit
3 oder 4 Eigelb, 1 Tasse Zucker,	
1 Vanillezucker, 1 Tasse Mehl,	
$^1/_2$ Backpulver	sorgsam mit dem Mixer verrühren. Dann
1 große Tasse Blaumohn	dazugeben und wieder alles miteinander verrühren.

Jetzt vorsichtig den Eischnee mit einem großen Löffel unterheben.
Teig in eine 26-er Springform (gefettet) geben.
Bei 175–180 Grad 35 bis 40 Minuten backen.
Auskühlen lassen und den Kuchen zweimal teilen.
Nun auf den ersten Boden Buttercrème streichen. Darauf Marmelade geben und glattstreichen. 2. Boden aufsetzen und wieder mit Buttercrème und Mar-melade bestreichen. 3. Boden aufsetzen und wieder mit Buttercrème bestrei-chen – den Rand ebenfalls. Anschließend mit restlicher Buttercrème die Torte verzieren.

DER PROFI-BACKTIPP:
Buttercrème: Im Sommer statt der Milch Wasser nehmen (Pudding).

❖ *Dieses Rezept schickte Erika Braukmeier aus 19386 Schlemmin.*

WOLKENKUCHEN

Einkaufsliste:
150 g + 150 g Butter, 3 Eier, 150 g + 150 g Mehl, 150 g + 150 g Zucker, 1 Vanillezucker, Backpulver, 50 g Kakao, etwas Kondensmilch

Zutaten für den Teig:	Zubereitung:
150 g Butter	mit
3 Eiern, 150 g Zucker	schaumig rühren.
	Dann
150 g Mehl, 1 Vanillezucker	und
¹/₂ Backpulver	dazugeben und gut verrühren.

Den Teig in eine gefettete Springform geben.

Zutaten für Streusel:	Zubereitung:
150 g Butter	mit
150 g Zucker, 150 g Mehl	und
50 g Kakao	vermengen.

Die dunklen Streusel auf den hellen Teig geben.
Bei 180 Grad ca. 20 bis 30 Minuten backen. (Stäbchenprobe)
Auf dem noch warmen Kuchen mit einem Teelöffel Kondensmilch (gut 30 ml) gleichmäßig verteilen.

DER PROFI-BACKTIPP:
Sieben Sie das Mehl! So wird der Kuchen besonders locker.

❖ *Dieses Rezept schickte Marianne Preuß aus 18209 Bad Doberan.*

OSTERAPFELBROT
(KASTENFORM)

Einkaufsliste:
120 g Puderzucker, 50 g Butter, 2 Eier, 120 g Mehl, 1 Vanillezucker, $^1/_2$ Back-pulver, 50 g Rosinen, 300 g geraspelte Äpfel , 1 Tl Zimt

Eier trennen und Eischnee schlagen. Kalt stellen.
300 g Äpfel schälen und raspeln.

Zutaten für den Teig:	Zubereitung:
120 g Puderzucker	mit
50 g Butter, 2 Eigelb	und
1 Vanillezucker	schaumig rühren. Nach und nach
120 g Mehl, $^1/_2$ Backpulver,	
50 g Rosinen, 1 Tl Zimt	dazugeben und alles gut verrühren.

Jetzt die geraspelten Äpfel und den Eischnee vorsichtig mit einem großen Löffel unterheben.
Den Teig in ein gefettete Kastenform füllen.
Bei ca. 180 Grad 45 Minuten backen.

DER PROFI-BACKTIPP:
Dieses Rezept ist ungefähr 100 Jahre alt und die Alternative zum obligatori-schen Eierlikörkuchen zu Ostern. Probieren Sie es aus. Das Osterapfelbrot wird Ihre Kaffeetafel schmücken und schmeckt auch schon zum Frühstück.

❖ *Dieses Rezept schickte Ursula Knitschky aus 18311 Ribnitz-Damgarten.*

ROTKÄPPCHEN-TORTE MIT KIRSCHEN

Einkaufsliste:

1 Glas Sauerkirschen, 100 g Butter, 150 g + 50 g + 50 g Zucker, 2 Vanillezucker, 3 Eier, 150 g Mehl, Backpulver, 2–3 El Nuss-Nougat-Crème, 500 g + 100 g Schlagsahne, 500 g Quark, 3 Sahnesteif, 2 Tortenguss (rot)

Sie brauchen einen Tortenrand.

Kirschen abgießen und gut abtropfen lassen. Saft dabei auffangen.

Zutaten für Rührteig:	Zubereitung:
100 g weiche Butter	mit
150 g Zucker, 1 Vanillezucker	schaumig rühren. Dann
3 Eier	einzeln unterrühren.
150 g Mehl, 2 Tl Backpulver	mischen und unterheben.

Teigmasse teilen. Eine Hälfte in eine gefettete Springform füllen und glattstreichen. Unter die andere Hälfte 2–3 El Nuss-Nougat-Crème rühren. Auf den hellen Teig geben und glattstreichen.
Kirschen darauf verteilen. Einige zum Verzieren zurück behalten.

Bei 175–180 Grad ca. 40–45 Minuten backen. Auskühlen lassen. Anschließend aus der Springform nehmen.

Zutaten für Quarkmasse:	Zubereitung:
500 g Schlagsahne	mit
3 Sahnesteif	steif schlagen. Jetzt
500 g Quark	mit
50 g Zucker	und
1 Vanillezucker	verrühren. Sahne unterheben.

Tortenrand (Formrand) um den Boden legen und schließen. Quarkmasse einfüllen und verstreichen. Kühl stellen.

Zutaten für Verzierung:	Zubereitung:
400 ml Kirschsaft	gegebenenfalls mit Wasser auffüllen.
50 g Zucker	einrühren und mit
2 Tortenguss (rot)	aufkochen.

Kurz abkühlen lassen. Guss esslöffelweise auf den Quark verteilen.
Torte muss mindestens 4 Stunden kalt stehen.

100 g Schlagsahne steif schlagen und die Torte mit Sahnetuffs und den restlichen Kirschen verzieren.

DER PROFI-BACKTIPP:

Damit beim Tortenguss keine Klümpchen entstehen:
Geben Sie das Tortengusspulver in eine Tasse, geben Sie nun etwas Kirschsaft dazu und verrühren Sie die Masse gut. Gießen Sie die Masse langsam in den Topf und kochen Sie alles unter ständigem Rühren auf!

❖ *Dieses Rezept schickte Inge Krampf aus 17207 Kambs.*

KOKOS-BIENENSTICH
(BLECHKUCHEN)

Einkaufsliste: _____

3 Eier, 2 Tassen Buttermilch, 2 + 2 Tassen Zucker, 3 Vanillezucker, 4 Tassen
Mehl, 1 $^1/_2$ Backpulver, 2 Tassen Kokosraspeln, 2 Becher Schlagsahne

Zutaten für Teig: _____   Zubereitung: _____

2 Tassen Zucker   mit
3 Eiern, 2 Tassen Buttermilch   schaumig rühren. Dann
4 Tassen Mehl, 1 $^1/_2$ Backpulver und
2 Vanillezucker   dazugeben und verrühren.

Teig auf ein gefettetes Backblech geben und glattstreichen.

Zutaten für Belag: _____   Zubereitung: _____

2 Tassen Kokosraspeln   mit
2 Tassen Zucker   und
1 Vanillezucker   vermischen.

Kokoszuckermischung auf Teig geben.
Bei 180 Grad 20 bis 30 Minuten backen.
Über den noch heißen Kuchen 2 Becher Schlagsahne gießen.

DER PROFI-BACKTIPP: _____
Der Kokos-Bienenstich schmeckt am besten, wenn er noch etwas warm ist. ___

❖ *Dieses Rezept schickte Eva Henne aus 18581 Putbus.*

KAFFEEKUCHEN
(KASTENFORM)

Einkaufsliste:
125 g Butter, 4 Eier, 250 g Zucker, 50 g Kaffeepulver, 500 g Mehl, 1^1/$_2$ Backpulver, 125 g Sultaninen, 75 g Zitronat

Kochen Sie aus 50 g Kaffeepulver einen starken Kaffee (^{1}/$_4$ Liter) und lassen Sie ihn anschließend gut abkühlen.

Eier trennen und Eischnee schlagen. Kühl stellen.

Zutaten für Teig:	Zubereitung:
125 g Butter	mit
4 Eigelb, 250 g Zucker,	
1 Prise Salz	schaumig schlagen.
^{1}/$_4$ l kalten Kaffee	und
500 g Mehl und 1 ^{1}/$_2$ Backpulver	abwechselnd zufügen und verrühren. Dann
125 g Sultaninen	und
75 g Zitronat	unterrühren.

Ganz zum Schluss den Eischnee behutsam unterheben.

Den Teig in eine gut gefettete, mit Mehl ausgestäubte Kastenform geben.
Bei ca. 180 Grad 50 bis 60 Minuten backen.

DER PROFI-BACKTIPP:
Legen Sie die Sultaninen in etwas Rum ein. Und wälzen Sie die Sultaninen, bevor sie in den Teig kommen, noch in etwas Mehl. Dann „rutschen" sie beim Backen nicht alle nach unten.

❖ *Dieses Rezept schickte Waltraut Thees aus 17438 Wolgast.*

BANANEN-NUSSBROT

Einkaufsliste:
3 reife Bananen, 30 g Butter, 200 g Zucker, etwas Milch, 250 g Mehl, 2 Eier, Backpulver, 1 Vanillezucker, $^1/_4$ Tl Salz, 100 g geriebene Haselnüsse, Puderzucker

2 Bananen mit einer Gabel zerdrücken oder mit einem Pürierstab fein mixen.

Zutaten für Teig:	Zubereitung:
30 g Butter	schmelzen. Mit
pürierten Bananen (2)	und
200 g Zucker	schaumig rühren. Dann
3 El Milch, 250 g Mehl	und
2 Eier	unterrühren. Jetzt
1 Tl Backpulver,	
1 Vanillezucker, $^1/_4$ Tl Salz	und
100 g geriebene Haselnüsse.	unterheben.

1 Banane in Scheiben schneiden und vorsichtig unter den Teig ziehen.
Den Teig in eine gefettete Kastenform füllen.
Bei ca. 180 Grad 1$^1/_2$ bis 1$^3/_4$ Stunden backen. Danach Kuchen auskühlen lassen, auf ein Küchenrost stürzen und mit Puderzucker bestäuben.

DER PROFI-BACKTIPP:
Dieser Kuchen hält sich lange frisch.

❖ *Dieses Rezept schickte Erika Zerwer aus 19412 Blankenberg.*

SCHWEDISCHE APFELTORTE

Einkaufsliste:
5 Eier, 5 El Mehl, 5 El + 1 Tasse Zucker, Vanillezucker, Backpulver, 4 mittel-
große Äpfel, 1 Vanillepudding, Saft von 2 Zitronen, 1 bis 2 Becher Schlagsahne

Zutaten für Obstboden:	Zubereitung:
3 Eier	mit
5 El Mehl, 5 El Zucker,	
¹/₂ Backpulver, ¹/₂ Vanillezucker	verrühren.

Teig in eine gefettete Obstbodenform geben. Bei 175 Grad ca. 10–15 Minuten
backen.

Zutaten für Belag:	Zubereitung:
¹/₄ Liter Wasser	in einen Topf geben.
3 El	davon abnehmen und
1 Vanillepudding	anrühren.

Äpfel schälen und grob raspeln und in den Topf geben.

1 Tasse Zucker, 2 Eier	und
angerührten Vanillepudding	dazugeben und mit dem
	Saft von
2 Zitronen	aufkochen.

Noch heiß auf den Tortenboden geben und abkühlen lassen.
1 bis 2 Becher Sahne steif schlagen und kuppelartig auf die Apfelmasse
geben.

DER PROFI-BACKTIPP:
Keine Bange! Die Apfelmasse passt ganz auf den Tortenboden drauf. Garnieren
Sie den Kuchen mit Krokant, gehobelter Schokolade oder Belegblumen.

❖ *Dieses Rezept schickte Marianne Beitz aus 17438 Wolgast.*

SAHNETORTE FIX

Einkaufsliste:
1 fertigen Obstboden, 2 Becher Schlagsahne, 2 Becher saure Sahne, 2 Vanillezucker, 2 Sahnesteif, 1 Kaltschale (Erdbeere oder Kirsch)

Zutaten:	Zubereitung:
2 Becher Schlagsahne	mit
2 Vanillezucker, 2 Sahnesteif	steif schlagen.
2 Becher saure Sahne	unterrühren. Dann
	das Pulver von
1 Kaltschale	einrieseln lassen.

Masse mit dem Mixer gut 2 bis 3 Minuten verrühren.
Die Masse auf den Tortenboden geben und glattstreichen.

DER PROFI-BACKTIPP:
Garnieren Sie die Torte mit frischen Früchten. Kirschen oder Erdbeeren sind
ein „echter Hingucker"!

❖ *Dieses Rezept schickte Gisela Lentz aus 19057 Schwerin.*

DREI-TAGE-TORTE

Einkaufsliste:
200 g Butter, 180 g + 125 g Zucker, 4 Eier, 250 g Mehl, Backpulver, 2 El Kakao, 2 Becher Schlagsahne, 2 Becher Schmand, 3 Vanillezucker, 3 Sahnesteif, 125 g Puderzucker, 2 Schnapsgläser Rum

Zutaten für Böden:	Zubereitung:
200 g weiche Butter	mit
180 g Zucker, 4 Eiern,	
250 g Mehl	und
2 Tl Backpulver	zu einem Rührteig verarbeiten.

Die Masse dreimal teilen. In einer Springform 1 hellen Boden backen. Bei 180 Grad ca. 15 Minuten. Unter die beiden anderen Teighälften je 1 El Kakao einrühren und daraus 2 dunkle Böden backen. Bei 180 Grad ca. 15 Minuten.
Alle drei Böden gut auskühlen lassen und mit Rum beträufeln oder bepinseln.

125 g Zucker, 3 Vanillezucker, 3 Sahnesteif in einer Tasse gut miteinander verrühren.
2 Becher Schlagsahne steif schlagen.
2 Becher Schmand unterheben und dann langsam die Zucker-Sahnesteif-Mischung einrieseln lassen. Alles gut verrühren.
Bodenfolge: (dunkel – hell – dunkel)
Auf den 1. dunklen Boden: Sahne-Crème streichen.
Hellen Boden aufsetzen. Sahne-Crème draufstreichen.
2. dunklen Boden aufsetzen.
Die Seiten mit der restlichen Sahne-Crème bestreichen.
125 g Puderzucker mit 1 Schnapsglas Rum verrühren und damit den obersten Tortenboden bestreichen.
Dann kommt die Torte für mindestens 3 Tage in den Kühlschrank!

DER PROFI-BACKTIPP:
Kaufen Sie sich eine Schablone (Schriftzug, Blumenmuster etc …). Mit ein wenig Kakaopulver können Sie so die schönsten Tortenmuster herstellen.

❖ *Dieses Rezept schickte Helga Stagge aus 18437 Stralsund.*

SÄGESPÄNEKUCHEN
(BLECHKUCHEN)

Einkaufsliste:

250 g + 250 g + 100 g Butter, 5 Eier, 375 g + 100 g Zucker, 350 g Mehl, 50 g Kakao, 10 g Natron, 250 ml saure Sahne, 1 Vanillepudding, 200 g Kokosraspeln

Vanillepudding nach Anleitung kochen. Abkühlen lassen (lauwarm).
Dann stückchenweise 250 g weiche Butter dazugeben und mit einem Mixer zu Buttercrème verarbeiten.

Zutaten für Boden:

	Zubereitung:
250 g Butter	mit
4 Eiern, 375 g Zucker	schaumig schlagen. Dann
350 g Mehl, 10 g Natron	und
50 g Kakao	unterrühren. Zum Schluss
250 ml saure Sahne	unterheben.

Den Teig auf ein gut gefettetes Backblech streichen.
Bei ca. 200 Grad ca. 20 Minuten backen. Den Boden auskühlen lassen und mit der Buttercrème gleichmäßig bestreichen.

Zutaten für Belag:

	Zubereitung:
100 g Butter	mit
100 g Zucker	und
200 g Kokosraspeln	in einer Pfanne goldgelb rösten.

Masse etwas abkühlen lassen, 1 Ei untermischen und als „Sägespäne" auf der Buttercrème verteilen.

DER PROFI-BACKTIPP:

Nehmen Sie eine hohe Fettpfanne für diesen Kuchen, damit nichts überläuft!

❖ *Dieses Rezept schickte Magdalene Bülau aus 18196 Dummerstorf.*

SCHWARZE JOHANNISBEERTORTE

Einkaufsliste:

500 g schwarze Johannisbeeren, 25 g + 250 g Zucker, 1 ¹/₂ Tl Zimt, 1 cl Rum, 100 g gemahlene Haselnüsse, 250 g Butter, 1 Vanillezucker, 3 Eier, 250 g Mehl, Backpulver, 2 El Puderzucker

Die schwarzen Johannisbeeren mit 25 g Zucker, 1 cl Rum, 100 g gemahlenen Haselnüssen und 1 Tl Zimt mischen und 20 Minuten ziehen lassen.

Zutaten für Teig:	Zubereitung:
250 g Butter	mit
250 g Zucker, 1 Vanillezucker	und
3 Eiern	schaumig schlagen.
250 g Mehl, ¹/₂ Backpulver	vermischen und nach und nach dazugeben.

Alles zu einem glatten Teig verarbeiten.
Johannisbeer-Nuss-Mischung ganz vorsichtig unterheben.
Teig in eine mit Backpapier ausgelegte Springform füllen und glattstreichen.
Bei 175 Grad ca. 60 Minuten backen.

DER PROFI-BACKTIPP:

2 El Puderzucker und ¹/₂ Tl Zimt mischen und vor dem Servieren die Torte damit bestäuben.

❖ *Dieses Rezept schickte Cordula Schneeberg aus 19057 Schwerin.*

MOKKASCHNITTE (BLECHKUCHEN)

Einkaufsliste:

300 g + 4 El Butter, 2 Tassen Zucker, 4 Eier, 1 Tasse Milch, 4 Tassen Mehl, 10 Vanillezucker, 3 El Kakao, 2 Tl gemahlenes Kaffeepulver, 2 El aufgebrühten Kaffee, Backpulver, 200 g Puderzucker, 200 g Kokosraspeln

Eine Tasse starken Kaffee aufbrühen.

Zutaten für Boden:	Zubereitung:
300 g Butter	mit
2 Tassen Zucker, 4 Eiern, 1 Tasse Milch,	
4 Tassen Mehl, 1 Backpulver,	
8 Vanillezucker, 2 El Kakao,	und
2 Tl gemahlenem Kaffeepulver	verrühren.

Die Teigmasse auf ein gefettetes Backblech geben.
Bei 170–180 Grad ca. 30–40 Minuten backen und auskühlen lassen.

Zutaten für Guss:	Zubereitung:
4 El weiche Butter	mit
1 El Kakao, 2 El aufgebrühtem Kaffee,	
2 Vanillezucker	und
200 g Puderzucker	verrühren.

Den Guss auf den Teig streichen und zum Schluss gleichmäßig mit 200 g Kokosraspeln bestreuen.

DER PROFI-BACKTIPP:

Den Kuchen am Vortag backen, damit er schön durchziehen kann. Leicht gekühlt servieren.

❖ *Dieses Rezept schickte Edith Herzberg aus 17389 Anklam.*

TRÄNENDE QUARKTORTE

Einkaufsliste:

50 g + 150 g + 10 g Zucker, 50 g Butter, 175 g Mehl, 5 Eier, Backpulver, 500 g Quark, $^1/_2$ Liter Milch, 1 Vanillepudding, 1 unbehandelte Zitrone (Saft und Schale)

4 Eier trennen und Eiweiß mit 10 g Zucker steif schlagen.

Zutaten für Boden:	Zubereitung:
50 g Butter	mit
50 g Zucker, 1 Ei,	
175 g Mehl	und
1 Tl Backpulver	vermischen und einen
	glatten Teig daraus machen.

Den Teig anschließend in eine gefettete Springform drücken. Teig auch an den Rändern hochziehen.

Zutaten für Füllung:	Zubereitung:
500 g Quark	mit
$^1/_2$ Liter Milch, 150 g Zucker,	
1 Vanillepudding (Pulver)	und
4 Eigelb, Zitrone (Saft und Schale)	verrühren.
Achtung: Die Masse ist sehr flüssig!	

Die Quarkmasse in die Springform gießen.
Bei 190 Grad ca. 60–80 Minuten backen.
Auf den noch heißen Kuchen das steif geschlagene Eiweiß geben und nochmals für 10 Minuten backen.

DER PROFI-BACKTIPP:

Die „Tränen" entstehen durch Luftfeuchtigkeit. Je feuchter die Luft in dem Raum ist, in dem Sie die Torte aufbewahren, desto mehr „Tränen".

❖ *Dieses Rezept schickte Gabriele Fleck aus 18437 Stralsund.*

BESCHWIPSTE NUSS-SCHOKO-TORTE

Einkaufsliste:

250 g + 250 g Butter, 300 g + 2 El Zucker, 8 Eier, 250 g Mehl, Backpulver, 5 El Kakao, 200 g gemahlene Haselnüsse, 4 cl Weinbrand (2 kleine Schnapsgläser), Schokoglasur

Zutaten für Teig:

250 g weiche Butter
300 g Zucker
6 Eier, 250 g Mehl
³/4 Backpulver

200 g gemahlene Haselnüsse
3 El Kakao

Zubereitung:

mit
schaumig rühren. Dann
und
nach und nach dazugeben
und gut verrühren. Jetzt
und
unterheben.

Den Teig in eine gefettete Springform geben.
Bei 180 Grad ca. 45 bis 60 Minuten backen.
Den Boden ganz auskühlen lassen und teilen.

Zutaten für Füllung:

250 g weiche Butter
2 El Zucker, 2 Eiern
2 El Kakao

Zubereitung:

mit
und
mit dem Mixer zu einer
glatten Masse verarbeiten.

Zum Schluss 4 cl Weinbrand (2 kleine Schnapsgläser) dazugeben und noch einmal gut verrühren.
Dann die Füllung auf den 1. Boden geben und glattstreichen.
Den 2. Boden aufsetzen und leicht andrücken.
Nun die Torte mit der fertigen Schokoglasur abglänzen.

DER PROFI-BACKTIPP:

Die Torte am Vortag backen. Geben Sie zur Glasur 1 Tl Kaffeepulver.

❖ *Dieses Rezept schickte Edith Leers aus 18311 Ribnitz-Damgarten.*

SCHOKOLADEN – NUSSKUCHEN (KASTENFORM)

Einkaufsliste:

4 Eier, 150 g Butter, 1 Vanillezucker, 150 g Zucker, 1 Prise Salz, 100 g Mehl, Backpulver, 100 g gemahlene Haselnüsse, 100 g geriebene Zartbitterschokolade, Schokoglasur

Zutaten:	Zubereitung:
4 Eier	mit
150 g Butter, 1 Vanillezucker,	
150 g Zucker	und
1 Prise Salz	schaumig rühren.
	Dann
100 g Mehl, 2 Tl Backpulver	unterheben.
	Nun
100 g gemahlene Haselnüsse	und
100 g geriebene Zartbitterschokolade	unterheben und gut verrühren.

Eine Kastenform (20 cm oder etwas größer) buttern und leicht mit Mehl ausstäuben.

Teig in die Form geben und glattstreichen.

Bei 180 Grad gut 60 Minuten backen.

Nach ca. 5 Minuten Backzeit den Kuchenteig mit einem Messer leicht einschneiden.

Nach dem Abkühlen mit Schokoglasur bestreichen.

DER PROFI-BACKTIPP:

Dieser Kuchen ist lange haltbar und eignet sich gut als Garten- oder Picknick-Kuchen.

❖ *Dieses Rezept schickte uns Herta Schwiesow aus 23968 Wismar.*

FRISS – MICH – DUMM – KUCHEN (BLECHKUCHEN)

Einkaufsliste:

250 g Mehl, Backpulver, 65g + 50 g + 125 g Zucker, 1 Ei, 1 Fläschchen Butter-vanille-Aroma, 1 Fläschchen Bittermandel-Aroma, 125 g + 125 g +125 g Butter, 250 ml Milch, ½ Vanillepudding, 25 g Kokosfett, 250 g grob gehackte Walnüs-se, 50 g Halbbitterkuvertüre

Zutaten für Knetteig:	Zubereitung:
250 g Mehl	mit
3 Tl Backpulver	mischen und sieben. Dann
65 g Zucker, 1 Prise Salz, 1 Ei,	
3 Tropfen Buttervanille-Aroma,	
3 Tropfen Bittermandel-Aroma	und
125 g weiche Butter	dazugeben.

Mit dem Knethaken rasch durchkneten. Teig in Frischhaltefolie wickeln und gut 20 Minuten in den Kühlschrank legen. Danach den Knetteig auf einem gefetteten Backblech ausrollen und mit einer Gabel mehrfach einstechen. Bei ca. 180 Grad 15 bis 20 Minuten backen.

Zutaten für Vanillecrème:	Zubereitung:
250 ml Milch	erhitzen. 2 El davon abnehmen, mit
½ Vanillepuddingpulver,	
50 g Zucker	und
1 Prise Salz	verquirlen.

In die heiße Milch einrühren. Aufkochen und abkühlen lassen.

125 g Butter und 25 g Kokosfett schmelzen und erkalten lassen.

Wenn das Fett die gleiche Temperatur wie der Pudding hat, beides mischen und gleichmäßig auf den Kuchenboden streichen.

Zutaten für Belag:	Zubereitung:
250 g grob gehackte Walnüsse	in
125 g Butter	und
125 g Zucker	in einer Pfanne rösten.

Anschließend die gerösteten Walnüsse auf der Crème verteilen.
50 g Bitterkuvertüre schmelzen und damit den Kuchen verzieren.

Der Profi-Backtipp:

Statt Spritzbeutel:

Nehmen Sie einen Gefrierbeutel. Geben Sie die Kuvertüre hinein. Kleine Ecke abschneiden und mit feinen Linien den Kuchen verzieren. Erspart den Abwasch!

❖ *Dieses Rezept schickte Vera Melcher aus 19061 Schwerin.*

QUARKTORTE OHNE BODEN

Einkaufsliste: _____
200 g Butter, 6 Eier, 400 g Zucker, 1 Vanillezucker, 1 Backpulver, 8 El Grieß,
1000 g Quark

Eier trennen und das Eiweiß steif schlagen. Kalt stellen.

Zutaten:	Zubereitung:
200 g Butter	schmelzen und mit
400 g Zucker	verrühren. Dann nach und nach
6 Eigelb	unterheben. Nun
1000 g Quark, 1 Vanillezucker,	
1 Backpulver	und
8 El Grieß	nach und nach unterheben.

Ganz zum Schluss mit einem großen Rührlöffel vorsichtig das Eiweiß unterheben.
Die Masse in eine mit Backpapier ausgelegte Springform geben.
Bei 170–180 Grad ca. 60 Minuten backen.

DER PROFI-BACKTIPP: _____
Bestäuben Sie den Kuchen mit Puderzucker und verzieren Sie ihn mit gerösteten Mandelblättchen. _____

❖ *Dieses Rezept schickte Roswitha Stark aus 18258 Schwaan.*

CRÈME-FRAÎCHE-KUCHEN

1 Glas Sauerkirschen, 250 g Butter, 250 g Zucker, 5 Eier, 250 g Mehl, 1 Backpulver, $^1/_4$ Liter Schlagsahne, 1 Vanillezucker, 125 g Crème-Fraîche (oder Schmand)

Die Sauerkirschen abgießen und gut abtropfen lassen.

Zutaten für den Teig:	Zubereitung:
250 g weiche Butter	mit
250 g Zucker	und
5 Eiern	schaumig rühren.
250 g Mehl	mit
1 Backpulver	mischen und einrühren.
1 Glas Sauerkirschen	unter die Masse heben.

Den Teig in eine gefettete Springform geben.
Bei 160 Grad ca. 35 bis 45 Minuten backen. Den Kuchen gut auskühlen lassen.

Zutaten für Belag:	Zubereitung:
$^1/_4$ Liter Schlagsahne	mit
1 Vanillezucker	steif schlagen. Und
125 g Crème-Fraîche	unterrühren.

Die Masse jetzt nur noch auf den Boden verteilen.

DER PROFI-BACKTIPP:
Garnieren Sie den Crème-Fraîche-Kuchen mit Schokoraspeln und genießen Sie ihn gut gekühlt.

❖ *Dieses Rezept schickte Silvana Kizina aus 17139 Duckow.*

ZITRONENTORTE

Einkaufsliste:

2 Tassen + 12 El Zucker, 12 El Mehl, 12 El Öl, 6 Eier + 3 Eigelb, Backpulver, 150 g Butter, 2 Zitronen (Saft) und etwas abgeriebene Schale, 3 Vanillesoßen-pulver

Sie brauchen einen Tortenring.

Zutaten für Teig:	Zubereitung:
12 El Zucker	werden mit
12 El Mehl,	
12 El Öl,	
1 Tl Backpulver	und
6 Eiern	zu einem glatten Teig verarbeitet.

Den Teig in eine gefettete Springform geben.
Bei 180 Grad gut 20 Minuten backen. Den Boden abkühlen lassen.

Zutaten für Belag:	Zubereitung:
2 Tassen Wasser	mit
2 Tassen Zucker	und dem Saft von
2 Zitronen	verrühren. Mit
150 g Butter	und
3 Vanillesoßenpulver	aufkochen.

Dann 3 Eigelb unter die Masse rühren.
Um den ausgekühlten Tortenboden einen Tortenring legen. Die Zitronenmasse auf den Tortenboden geben und glattstreichen.
Fest werden lassen.

DER PROFI-BACKTIPP:
Garnieren Sie die Torte mit Limetten- oder Zitronenscheiben und Schlagsahne aus.

❖ *Dieses Rezept schickte uns Annelie Jesse aus 23966 Tressow.*

BLITZSANDTORTE

Einkaufsliste:
6 Eier, 375 g Zucker, 2 Vanillezucker, 2 El Zitronensaft, 175 g Mehl, 175 g Mondamin, Backpulver, 375 g Butter

Zutaten für den Teig:

6 Eier

375 g Zucker, 2 Vanillezucker,
2 El Zitronensaft, 175 g Mehl,
175 g Mondamin,
1 1/2 Tl Backpulver
375 g zerlassener Butter

Zubereitung:

mit

und
verrühren.

Den Teig in eine gefettete Springform geben.
Bei 170–180 Grad ca. 60 bis 80 Minuten backen.
Nach dem Erkalten mit Puderzucker bestäuben.

DER PROFI-BACKTIPP:

Ein Kuchen für ganz Eilige, der immer gelingt. Dabei schnell und zügig arbeiten.

❖ *Dieses Rezept schickte Margitta Böther aus 18059 Rostock.*

SCHNELLER GARTENKUCHEN

Einkaufsliste:
3 Eier, 6 El Zucker, 5 El Mehl, 1 Vanillepudding, Backpulver, 6 El Öl, je nach Jahreszeit frisches Obst (oder aus der Konserve)

Zutaten für Teig:	Zubereitung:
3 Eier	mit
6 El Zucker	schaumig rühren.
5 El Mehl, 1 Tl Backpulver	dazugeben. Jetzt
1 Vanillepudding	und
6 El Öl	unterheben und gut verrühren.

Teigmasse in eine gut gefettete Backform geben.
Bei 160–180 Grad 10 bis 15 Minuten backen.
Wird der Kuchen mit frischem Obst (Äpfel, Birnen, …) belegt, verlängert sich die Backzeit um ca. 10 Minuten.

DER PROFI-BACKTIPP:
Falls Sie kein frisches Obst oder Dosenobst zur Hand haben, bestreuen Sie den warmen Kuchen einfach mit Hagelzucker.
Reichen Sie zum Kuchen Schlagsahne.

❖ *Dieses Rezept schickte Katharina Günther aus 18273 Güstrow.*

BUTTERKEKSKUCHEN
(BLECHKUCHEN)

Einkaufsliste:
200 g + 125 g Butter, 200 g + 1 Tasse Zucker, 4 Eier + 2 Eigelb, 2 Vanillezucker, 250 g Mehl, Backpulver, 2 Vanillepudding, Saft von 2 Zitronen, 3 Becher Schlagsahne, 2 Sahnesteif, 1–2 Päckchen Butterkekse, Puderzucker

Zutaten für Teig:	Zubereitung:
200 g weiche Butter	mit
200 g Zucker, 4 Eiern,	
1 Vanillezucker,	
250 g Mehl	und
¹/₂ Backpulver	verrühren.

Teig auf ein gefettetes Blech geben. Bei 180 Grad ca. 20 Minuten backen.

Zutaten für Crème:	Zubereitung:
2 Vanillepudding	mit
1 Tasse Zucker, 4 Tassen Wasser	aufkochen.
125 g weiche Butter, 2 Eigelb	und den Saft von
1 ¹/₂ Zitronen	unterrühren.

Die warme Crème auf den noch warmen Boden geben und abkühlen lassen.
3 Becher Schlagsahne mit 1 Vanillezucker und 2 Sahnesteif steif schlagen.
Die Sahne auf die abgekühlte Crème geben und glattstreichen.
Alles mit Butterkeksen abdecken.
Puderzucker mit Saft einer ¹/₂ Zitrone anrühren und die Butterkekse damit bestreichen.

DER PROFI-BACKTIPP:
Nehmen Sie für diesen Kuchen ein hoch geschlossenes Blech.
Der Kuchen schmeckt am besten, wenn er 1–2 Tage alt ist.

❖ *Dieses Rezept schickte Brigitte List aus 17219 Möllenhagen.*

BIRNEN-SCHOKO-KUCHEN

Einkaufsliste:

200 g Butter, 175 g Zucker, 4 Eier, 200 g Mehl, 1 Vanillezucker, $^1/_2$ Fläschchen Rum-Aroma, 2 Tl Backpulver, 50 g gemahlene Walnüsse, 200 g Zartbitter-Raspel-Schokolade, 1 Glas/Dose Birnen

Die Birnen abgießen und in kleine Würfel schneiden.

Zutaten:	Zubereitung:
200 g weiche Butter	werden mit
175 g Zucker, 4 Eiern,	
200 g Mehl, 1 Vanillezucker,	
$^1/_2$ Fläschchen Rum-Aroma	und
2 Tl Backpulver	vermischt und gut verrührt.

In den Teig 50 g gemahlene Walnüsse und 200 g Zartbitter-Raspel-Schokolade vorsichtig unterheben.
Den Teig in eine gefettete Springform geben und glattstreichen und die Birnenwürfel darauf gleichmäßig verteilen.
Bei 180 Grad ca. 50 bis 60 Minuten backen.

DER PROFI-BACKTIPP:
Statt der Walnüsse können Sie auch Haselnüsse nehmen. Reichen Sie zum Kuchen kühle Schlagsahne.

❖ *Dieses Rezept schickten Leonore und Klaus Beyer aus 19357 Kluess.*

KARTOFFELKUCHEN
(BLECHKUCHEN)

Einkaufsliste:
300 g gekochte Kartoffeln, 300 g + 250 g Zucker, 4 Eier, 125 g + 250 g Butter, 250 g + 250 g Mehl, Backpulver, 2 Vanillezucker, 1 Fläschchen Rum-Aroma, 1 Fläschchen Bittermandel-Aroma, 1 Glas Kirschen

300 g gekochte Kartoffeln musen.
1 Glas Kirschen abgießen und gut abtropfen lassen.

Zutaten für Teig:	Zubereitung:
300 g gemuste Kartoffeln	mit
300 g Zucker	und
4 Eiern	gut verrühren. Dann
125 g Butter, 250 g Mehl,	
2 Vanillezucker, 1 Backpulver,	
1 Rum-Aroma,	
1 Bittermandel-Aroma	dazugeben.

Alles zu einem geschmeidigen Teig mixen und auf ein gefettetes Backblech geben.
Die Kirschen auf dem Teig gleichmäßig verteilen.

Zutaten für Streusel:	Zubereitung:
250 g Mehl	mit
250 g Butter	und
250 g Zucker	verkneten.

Die Streusel auf die Kirschen geben.
Bei 200 Grad ca. 30 min goldgelb backen.

DER PROFI-BACKTIPP:
Je länger der Kuchen steht, desto besser schmeckt er.

❖ *Dieses Rezept schickte Brigitte Röder aus 17166 Teterow.*

AUF DIE RÜHRSCHÜSSEL FERTIG LOS!

Bevor Sie den Backlöffel schwingen, lesen Sie sich das Rezept in aller Ruhe durch.

Stellen Sie dann alle Zutaten und Geräte griffbereit hin. Auch kleine Löffel, Teigschaber oder Backpapier sollten mit einem Griff parat sein.

Wiegen Sie alle Zutaten möglichst genau ab. Die Backzutaten sollten die gleiche Temperatur bei der Verarbeitung haben. Nehmen Sie z.B. $1/2$ Stunde vor Backbeginn die Butter oder Margarine und die Eier aus dem Kühlschrank.

Fetten Sie die Backformen immer gut ein. Empfehlenswert: Pinseln Sie Springformen mit flüssigem Fett ein.

Heizen Sie Ihren Backofen immer gut vor (10 bis 15 Minuten).

Und behalten Sie ihn während des gesamten Backvorgangs immer im Auge.

Eine alte Backweisheit besagt, die Ofentür während der ersten 10 bis 20 Minuten Backzeit nicht zu öffnen. Beherzigen Sie die Weisheit.

Die fertigen Böden, Kuchen und auch Napfkuchen werden grundsätzlich noch warm aus der Form genommen.

Stülpen Sie dazu ein nasses und kaltes Handtuch über die Form. So lässt sich der Kuchen kinderleicht lösen.

Die im Buch angegebenen Temperatur- und Backzeiten müssen je nach Backherd daheim abgestimmt werden.

Abkürzungen im Buch:

g = Gramm
Tl = Teelöffel
El = Esslöffel
ml = Milliliter
cl = Centiliter

ALPHABETISCHES REGISTER

DIE REPORTERIN

Kerstin Hohendorf wurde 1965 in Niedersachsen geboren, studierte Politikwissenschaft und verdiente sich ihre „Brötchen" während des Studiums mit Beiträgen für Zeitung und Hörfunk. Seit 1991 lebt sie in Schwerin und fühlt sich mittlerweile als „Fast-Mecklenburgerin". Die Radiofrau bekennt freimütig: „Ich bin ein Krümelmonster und liebe Kuchen. Besonders Apfelkuchen mit Zimt und Rosinen und einem ordentlichen Schlag Sahne."

Es liegt also nahe, dass sie vor gut drei Jahren die Backserie „Der Sonntagskuchen von NDR 1 Radio MV" ins Leben rief und auch das erste Backbuch dazu entwarf. Aufgrund der großen Nachfrage entstand nun das zweite Backbuch: „Neues vom Sonntagskuchen von NDR 1 Radio MV", und einmal im Monat, jeden 1. Sonntag, stellt Kerstin Hohendorf im Vormittagsprogramm von NDR 1 Radio MV einen neuen Sonntagskuchen vor.

Bereits erschienen: 2001 „Der Sonntagskuchen von NDR 1 Radio MV"

DIE FOTOGRAFIN

Christine Becker wurde 1956 in Wismar geboren, absolvierte eine Fotografenlehre und von 1977 bis 1982 ein Studium an der Hochschule für Grafik und Buchkunst in Leipzig, Fachrichtung Fotografie. Von 1985 bis 1989 war sie als Mitglied des VBK/DDR freischaffend tätig. Zahlreiche Personalausstellungen fanden in den Jahren 1982 bis 1989 statt, und Christine Becker beteiligte sich an vielen nationalen und internationalen Ausstellungen. 1990/91 erhielt sie ein Stipendium des Künstlerhauses Lauenburg/Elbe und 1995 eine Personalausstellung. Seither arbeitet sie für die Werbung, für Prospekte, Kataloge und fertigt freie Arbeiten an. Von 1989 bis 1999 entstanden mehrere Editionen, so fotografierte sie z. B. für das erste Backbuch „Der Sonntagskuchen von NDR 1 Radio MV", das im Jahre 2001 im Hinstorff Verlag erschien.

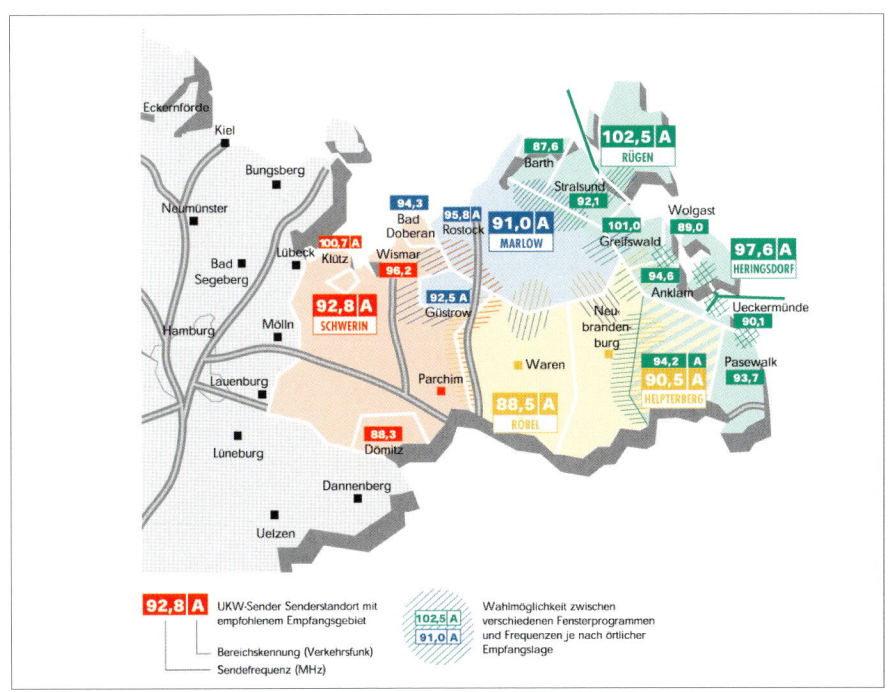

Hörer aus diesen Orten schickten uns ihre in diesem Buch veröffentlichten Lieblingsrezepte.

INHALT